УВАЖАЕМЫЕ ВЗРОСЛЫЕ!

Вашему ребёнку исполнилось 4 года, а значит, появилась прекрасная возможность своевременно помочь малышу развить его интеллект. Пришло время проконтролировать, соответствует ли норме степень сформированности его психических процессов (память, внимание, мышление, воображение), проверить потенциальные возможности в разных областях знаний (математика, развитие речи, знакомство с окружающим миром), выявить, в каких из них он преуспевает, а какие требуют дополнительного внимания.

Специально для заботливых родителей и любознательных малышей разработана уникальная система тестовых заданий, которая охватывает все основные аспекты развития ребёнка среднего дошкольного возраста.

Книга подскажет, как грамотно построить занятия, на что следует обратить особое внимание, как подготовить малыша к следующему этапу обучения.

Прежде чем приступить к выполнению тестовых заданий, мы рекомендуем позаниматься с ребёнком, используя развивающие пособия «Умные книжки».

КАК РАБОТАТЬ С КНИГОЙ

● Материал в книге группируется по разделам: **внимание, память, мышление, воображение, математика, развитие речи, подготовка к обучению грамоте, мелкая моторика, знакомство с окружающим миром.**

● Необходимо помнить, что задания во всех разделах расположены в определённой последовательности. Не стоит нарушать их порядок.

● Заниматься можно сразу по нескольким направлениям (например, чередовать математику и развитие речи).

● Необходимо серьёзно отнестись к самым первым занятиям. Чтобы не оттолкнуть ребёнка и сохранить его интерес в дальнейшем, постарайтесь стать настоящим помощником для своего малыша, избегайте назидательного тона и принуждения.

● Длительность занятий не должна превышать 10–15 минут, но по желанию ребёнка общение с книгой может быть продолжено.

● Не допускайте переутомления. Если у малыша выполнение заданий не будет связано с положительными эмоциями, в следующий раз он вообще не захочет заниматься.

● Не подавляйте в ребёнке инициативу, приветствуйте нестандартные решения.

● Не торопите малыша, давайте ему достаточно времени для выполнения каждого задания. Но если ребёнок трудится слишком долго – это вас должно насторожить.

● Не упрекайте ребёнка за ошибки – мягко поправляйте его.

● По окончании работы обязательно похвалите малыша, даже если вы не очень довольны его результатом.

В пособии не предусмотрена строгая оценка работы ребёнка, так как объективно оценить его знания, умения и навыки может только специалист. В конце каждого задания вы найдёте следующие условные обозначения:

 ребёнок полностью самостоятельно справился с заданием, выполнив его без ошибок;

 выполнил задание с небольшой помощью взрослого или с незначительными ошибками;

 допустил большое количество ошибок или выполнил задание в основном с помощью взрослого.

Не огорчайтесь, если ребёнок не смог выполнить некоторые задания, постарайтесь понять причину. Их может быть две.

1. Задания оказались слишком сложными для вашего малыша.

2. Данный материал ребёнку ещё не знаком.

У вас есть время и возможность устранить пробелы. Улучшить результат помогут дополнительные упражнения.

*Желаем вам и вашему малышу
сдать свой первый экзамен на «отлично»!*

Назови предметы, которые ты видишь в путанице.

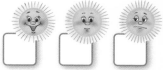

Малыш должен найти и назвать все предметы самостоятельно.

Кто спрятался на страничке?

Ребёнок должен посмотреть на картинки и быстро найти уточку, котёнка, ёжика и снеговика.

Покажи на рисунке точно такие же машинки, как в рамочке.

Хорошо, если малыш самостоятельно и быстро найдёт пары картинок.

7

Найди на кухне предметы, изображённые в рамочке.

Ребёнок должен самостоятельно и быстро найти нужные предметы.

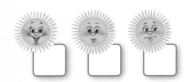

Внимательно рассмотри картинки внизу странички. Попробуй отыскать их в таблице. Каких предметов там не оказалось?

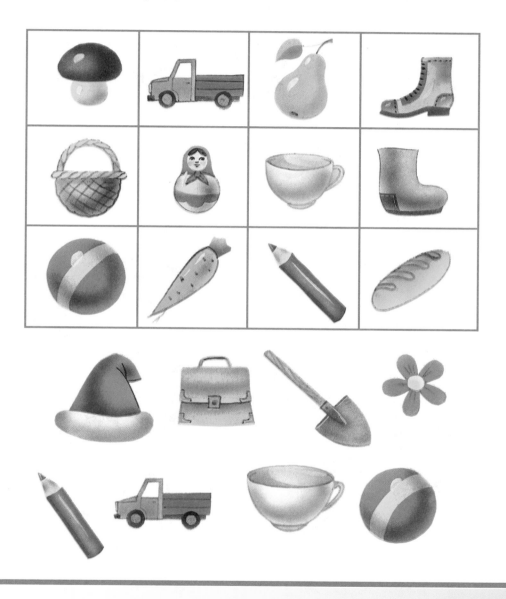

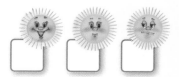

Малыш должен самостоятельно найти и показать парные и непарные картинки.

В каждой рамочке найди два одинаковых предмета и соедини их линией.

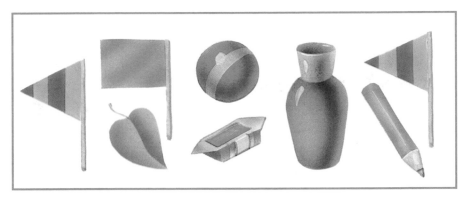

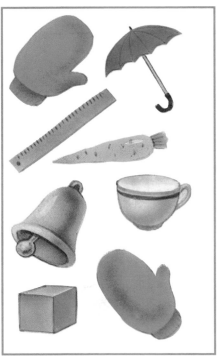

Ребёнок должен самостоятельно и быстро найти одинаковые предметы и соединить их линией.

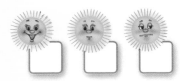

Покажи на рисунке фрагменты изображения.

Малыш должен быстро найти и показать на картинке фрагменты изображения.

Какая новая картинка появляется в каждом последующем ряду по сравнению с предыдущим?

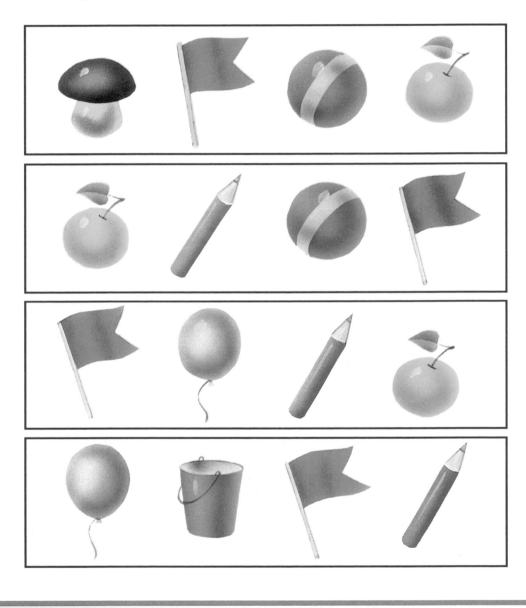

Ребёнок должен найти, какой картинкой отличается каждый последующий ряд, и уметь объяснить свой выбор.

Определи, чем отличаются эти квадраты.

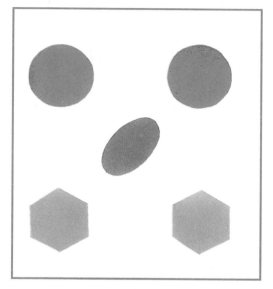
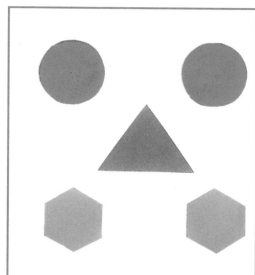

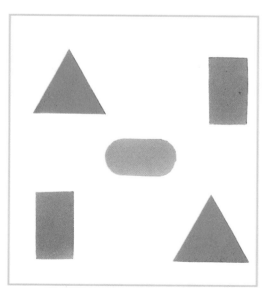

Малыш должен объяснить, что верхние квадраты отличаются между собой фигурой по центру, а квадраты внизу — местоположением фигур и также фигурой по центру.

По каким часам нельзя определить время?
Найди ошибки в рисунках.

Среди предложенных в задании рисунков только один выполнен правильно. У остальных же часов нарушено положение и порядок цифр либо отсутствует стрелка на циферблате. Ребёнок должен найти ошибки и объяснить свой выбор.

Запомни картинки на страничке.
Закрой книжку и назови все предметы.

Малыш должен запомнить картинки и назвать с первого раза пять-шесть предметов.

Постарайся запомнить все нарисованные предметы. Закрой книжку и назови картинки по памяти.

Сначала необходимо дать возможность ребёнку внимательно рассмотреть картинки, после чего он должен, закрыв книжку, по памяти назвать все предметы.

Найди и обведи знакомые тебе рисунки.
Что изменилось в табличке?

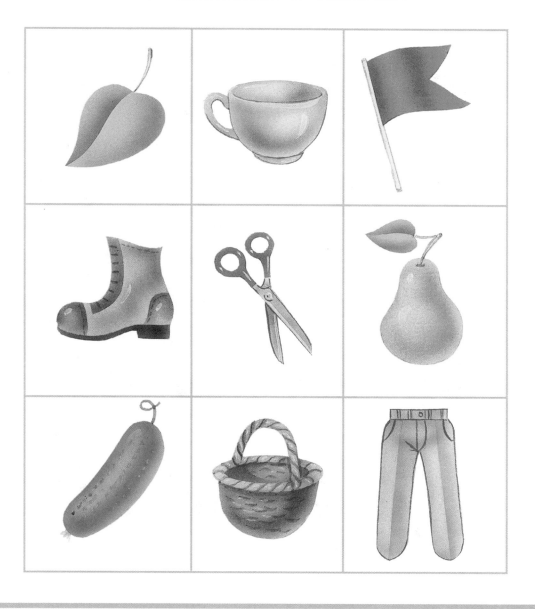

Перед тем как выполнять задание, необходимо закрыть
листом бумаги предыдущую страницу. Малыш должен
самостоятельно найти новые предметы в таблице.

Какие новые предметы появились на страничке по сравнению с предыдущей?

Ребёнок должен самостоятельно найти предметы, знакомые ему по прошлым заданиям на с. 16–17, и назвать новые картинки. Малыш может проверить себя, перевернув назад страничку.

Сосчитай, сколько разных фруктов. Запомни их количество. Закрой верхнюю часть странички.

Постарайся вспомнить, сколько каких фруктов было.

Хорошо, если малыш вспомнит количество разных фруктов.

Запомни цвет машинок и их номера. Закрой книжку и скажи, какого цвета была машинка под номером 1 (2, 3, 4 и 5).

Ребёнок должен назвать правильно цвета четырёх-пяти машинок.

Запомни пары картинок. Закрой левую часть странички и постарайся назвать в каждой паре недостающий предмет.

Малыш должен вспомнить не менее четырёх предметов. По желанию ребёнок может нарисовать отсутствующие картинки.

Рассмотри картинку и запомни, что на ней нарисовано. Закрой страничку и ответь на вопросы.

Кто сидел под столом? Что висело на стене? Что было нарисовано на картине? Кто сидел за столом? Какого цвета были рубашка у мальчика и платье у девочки? Был ли коврик на полу? Сколько цветов в вазе? Стояли чашки на блюдцах или нет?

Ребёнок должен самостоятельно ответить на большинство вопросов по содержанию картинки.

Закрой рисунки листом бумаги.
Затем внимательно прочитай (или послушай)
слова: СОК, СА-ЧОК, ЛА-СТЫ, КОТ, ПЕНЬ,
КО-ЗА, КРОТ, ВИЛ-КА, СУМ-КА, ЗА-МОК,
ШАШ-КИ. Найди и обведи соответствующие
им картинки по памяти.

Если малыш ещё не умеет читать, то за него это могут
сделать взрослые. Ребёнок должен вспомнить и найти
на страничке не менее семи-восьми предметов.

23

● Послушай слова. Запомни их и повтори:

**ХЛЕБ, САНКИ, ПТИЦА, МОРЕ,
ДЕРЕВО, ШКОЛА, КЛУБОК.**

> Хорошо, если ребёнок с первого раза запомнит четыре-пять слов, а со второго — шесть-семь слов.

● Послушай пары слов, постарайся их запомнить:

ДЕРЕВО – ЛЕС   ОГОРОД – МОРКОВЬ
ДОМ – ОКНО   БЕЛКА – ОРЕХИ
УТРО – ЗАРЯДКА   ЛОДКА – РЕКА
МАШИНА – КОЛЕСО   КНИГА – БУКВЫ.

А сейчас послушай только первые слова каждой пары, а вторые назови по памяти.

> Хорошо, если малыш вспомнит и назовёт правильно не менее шести слов.

● Запомни, кто что делает.

Марина плавает, Серёжа бегает,
Оля прыгает, Витя играет в мяч,
Наташа танцует,
Юра катается на велосипеде,
Никита стреляет из лука.

Послушай имена детей, вспомни и назови их действия.

> Хорошо, если ребёнок правильно назовёт не менее пяти действий.

Ребёнок должен самостоятельно выполнить все эти задания.

Что перепутал художник? Найди ошибки. Можешь ли ты самостоятельно придумать подобные сюжеты?

Малыш должен заметить все ошибки в картинках и самостоятельно придумать несколько подобных сюжетов.

Найди в каждой группе пару предметов, которые подходят друг другу. Объясни свой выбор.

Ребёнок должен подобрать в каждой группе по два предмета, подходящих друг другу, и объяснить, почему именно эти предметы он выбрал. (Ключ – замок, молоток – гвозди, ручка – тетрадь, барабан – барабанные палочки, стол – стул, кисточка – краски, лыжи – лыжные палки, ракетка – воланчик.)

Сравни предметы между собой.
Назови все сходства и различия.

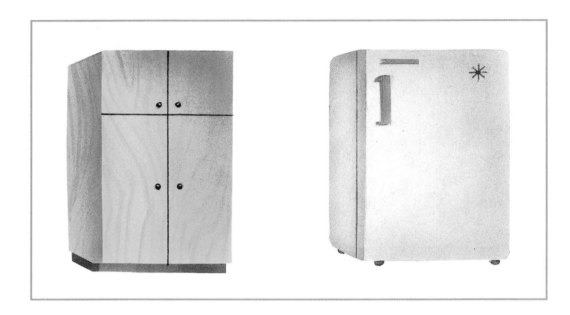

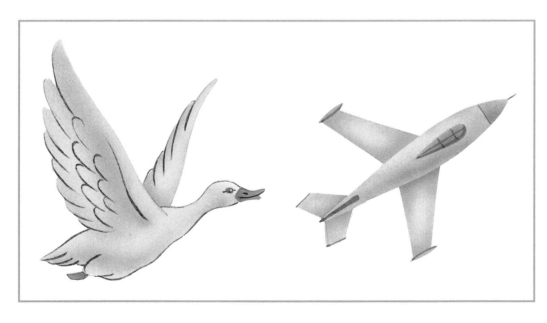

Малыш должен уметь видеть и называть сходства и различия между двумя предметами.

Подбери заплатку к каждому коврику, не нарушая узор.

Ребёнок должен правильно подобрать заплатки ко всем трём коврикам и объяснить свой выбор.

Закрой отверстия этими фигурками так,
чтобы они подходили по цвету и по форме.
Какие фигурки оказались лишними?

Малыш должен самостоятельно подобрать
подходящие фигурки и показать те, которые оказались лишними.

Найди «лишний» предмет в каждом ряду.
Объясни свой выбор.

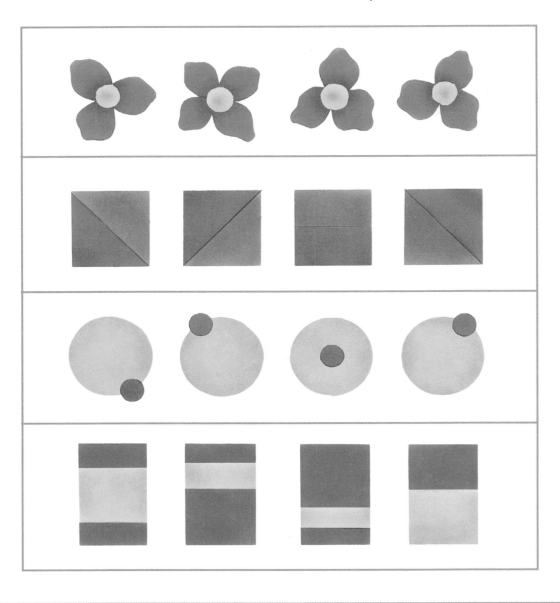

Ребёнок должен найти «лишний» предмет
в каждом ряду и объяснить, почему он не
подходит к остальным.

Среди домиков, собачек, забавных человечков и цветочков найди по две фигурки, которые состоят из одних и тех же деталей.

Малыш должен самостоятельно найти и показать в первом ряду рис. 1 и 5, во втором ряду – рис. 2 и 5, в третьем ряду – рис. 1 и 3 и в четвёртом ряду – рис. 2 и 4.

Внимательно рассмотри рисунки.
Скажи, что было сначала, а что потом.

Ребёнок должен самостоятельно определить правильную последовательность событий.

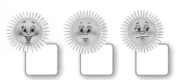

Внизу странички ты видишь зашифрованное письмо. Помоги почтальону прочитать на нём адрес и найти дорогу к нужному домику. Стрелочка показывает начало пути.

Для того чтобы отыскать нужный домик, малыш должен воспользоваться планом-схемой. Для правильного выполнения этого задания ребёнку понадобятся смекалка, умение сравнивать и сопоставлять предметы, выделять их из класса однородных (увидеть отличие ёлочки от лиственного дерева).

● Найди «лишнее» слово:

СТОЛ, ТАРЕЛКА, КРОВАТЬ, ШКАФ (тарелка);
ГОРКА, КОНЬКИ, САНКИ, ЛЫЖИ (горка);
БЫСТРО, МЕДЛЕННО, ЗАВТРА (завтра);
МОРЕ, МОРЩИНЫ, МОРСКОЙ (морщины).

● Скажи, чем похожи и чем отличаются эти предметы друг от друга:

МОЛОКО – ВОДА, ОЗЕРО – МОРЕ, КНИГА – ТЕТРАДЬ.

● Поставь слова в правильной последовательности – запиши в клеточках их порядковые номера:

ЗАВТРА ☐   ВЧЕРА ☐   СЕГОДНЯ ☐

ПОСЛЕЗАВТРА ☐   ПОЗАВЧЕРА ☐

● Продолжи предложения.

Если Катя старше Миши, то Миша...

Если Коля вышел из дома раньше Тани, то Таня...

Если море глубже озера, то озеро...

● У трёх братьев по одной сестре. Сколько всего детей в семье? (Четверо.)

● Во дворе играли четыре подружки. Как выглядела каждая девочка, если известно, что: Лена выше Светы, но ниже Оли; Оля не самая высокая? Какого роста была Ира?

При выполнении этих заданий малышу, возможно, потребуется помощь взрослого.

На что похожи эти фигурки?

Хорошо, если ребёнок сможет самостоятельно придумать несколько предметов, похожих на каждую фигурку.

Куда собралась каждая из девочек?
Придумай про них рассказ.

Малыш должен уметь самостоятельно придумывать небольшие рассказы по картинкам.

Попробуй сочинить сказочную историю, в которой бы участвовали все эти герои.

Показателями творческих способностей ребёнка могут служить: оригинальность придуманного сюжета, количество идей и смысловая завершённость истории. Чем более подробно и детально малыш рассказывает, тем ярче у него развито воображение.

Во сне мышонок съел кусочек волшебного сыра и превратился в животное, которое никого и ничего не боится. Нарисуй его.

Малыш может нарисовать: фантастическое животное; знакомое животное и добавить к его облику какие-то новые черты; возможны и другие варианты. Попросите ребёнка объяснить, почему именно таким он изобразил мышонка. В этом задании оценивается не качество рисунка, а его оригинальность.

Посчитай от одного до десяти и соедини точки в правильной последовательности. В пустых квадратиках внизу странички запиши цифры в обратном порядке.

10									1

Ребёнок должен уметь считать от одного до десяти в прямом и обратном порядке, а также писать цифры 0, 1, 2, 3, 4, 5, 6, 7, 8, 9.

Сосчитай предметы в каждой группе.
Подбери подходящие цифры.
Какими цифрами обозначается число «десять»?

Малыш должен иметь начальное математическое представление о количестве, т. е. числе, и цифре; уметь соотносить количество предметов с символом числа — цифрой; знать, что число «пять» записывается цифрой 5, а «десять» — это число, которое обозначается с помощью цифр 1 и 0.

Сравни количество предметов в каждой рамке.
Чего больше, а чего меньше? На сколько?
Как сделать, чтобы игрушек стало поровну?

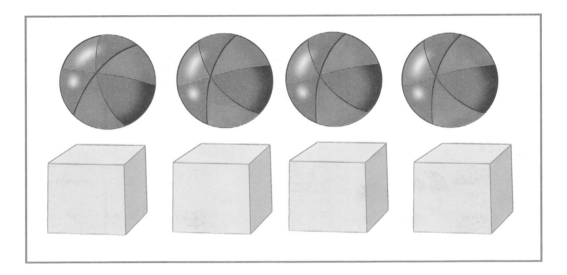

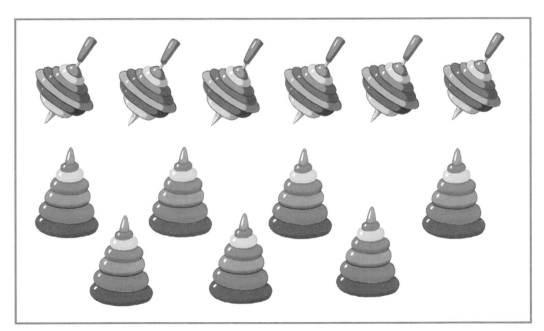

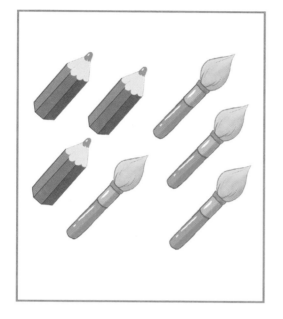

Малыш должен уметь сравнивать две группы предметов и иметь представление о равенстве и неравенстве, пользоваться в речи словами «больше», «меньше», «поровну». Если ребёнок затруднился предложить два способа уравнивания предметов (добавить или убрать один из них), помогите ему.

Раскрась серединку у тех цветочков, на которых написаны числа меньше шести.

Ребёнок должен уметь сравнивать числа в пределах десяти.

Дорисуй в пустых клеточках нужное количество точек.

Малыш должен знать, как раскладываются числа (состав числа) в пределах десяти. Например, «четыре» можно разложить на «один» и «три», на «два» и «два», на «три» и «один». На каждой рыбке-«домино» указано суммарное число и дан образец выполнения задания в виде двух заполненных по вертикали клеточек.

МАТЕМАТИКА

Впиши в пустые окошки недостающие цифры.

В этом задании клеточки заполняются по горизонтали. На крыше домиков указаны числа, которые нужно разложить на две составляющие. Одна из них представлена в виде точек, а вторую ребёнок должен записать цифрой. Зная состав числа, малыш легко решит хитрую задачку.

Сосчитай, сколько предметов на верхней и нижней картинках. Который по счёту листок в каждом ряду? Который гриб, кувшин, звезда? И т. д.

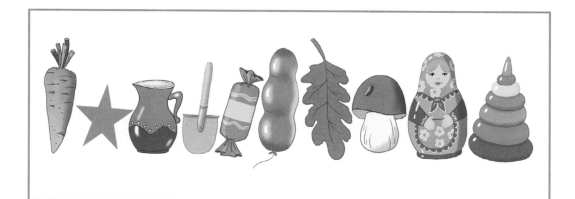

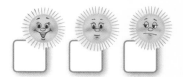

Малыш должен уметь называть порядковый номер предмета, правильно согласовывая числительное с существительным. Например: «Пирамидка – первая, листик – второй» и т. д.

Что зайчик нарисовал в правом верхнем
и в правом нижнем углу листа?
А что в левом верхнем, в левом нижнем
углу и в середине листа?

Ребёнок должен уметь ориентироваться
на листе бумаги.

Расскажи, как располагаются зверята
на первой и на второй картинках.
Кто в центре, кто справа, кто слева?

Малыш должен уметь правильно пользоваться в речи словами «справа», «слева», «посередине».

Собери матрёшек.
Подбери половинки по размеру.

Ребёнок должен уметь подбирать предметы
друг к другу, сравнивая их по величине.

На какие геометрические фигуры похожи эти предметы?

Малыш должен знать геометрические фигуры (круг, квадрат, овал, прямоугольник, треугольник, ромб) и уметь находить похожие на них предметы на рисунках и в окружающей обстановке.

Какие геометрические фигуры были использованы
в этом рисунке? Найди и зачеркни
их на страничке. Как они называются?
Какие фигуры оказались лишними?

Ребёнок должен уметь находить знакомые
геометрические фигуры на рисунке и знать
их названия.

Знаешь ли ты, как называются эти геометрические тела? Найди предметы, которые на них похожи.

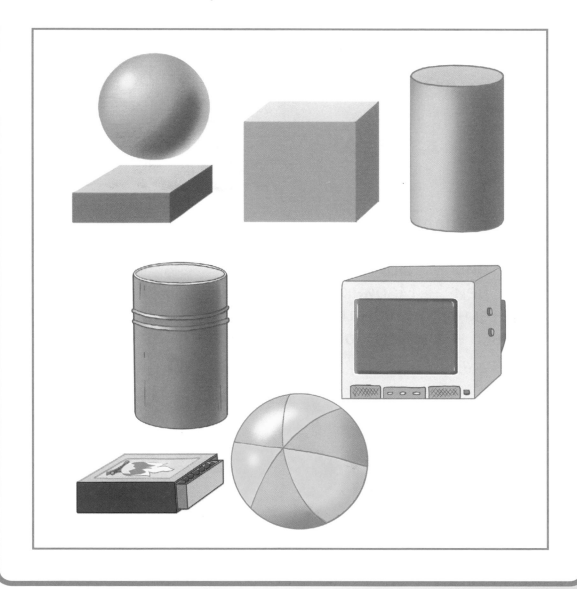

Малыш должен знать, как называются геометрические тела (куб, шар, цилиндр и параллелепипед), уметь находить похожие на них предметы в окружающей обстановке.

Отгадай математические загадки.

Два мяча у Ани,
Два мяча у Вани.
Два мяча да два, малыш,
Сколько их? Сообразишь?

В снег упал Серёжка,
А за ним – Алёшка.
А за ним – Иринка,
А за ней – Маринка.
А потом упал Игнат.
Сколько на снегу ребят?

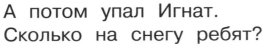

Ребёнок должен уметь отгадывать математические загадки.

Реши примеры и раскрась картинку.

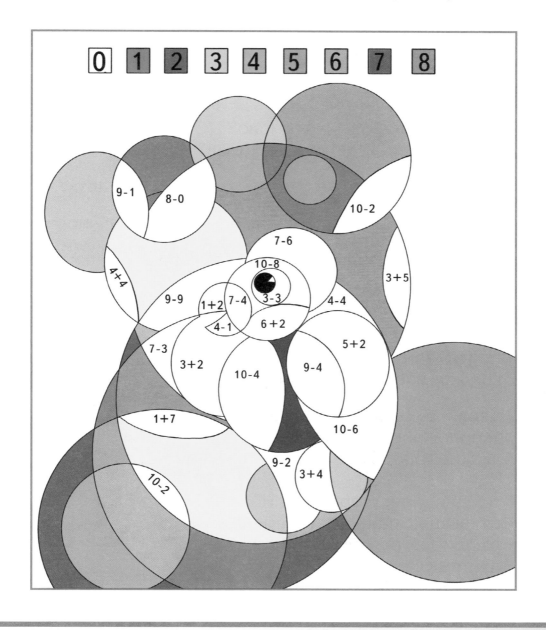

Зная состав числа, малыш без труда справится с примерами. Но, возможно, при выполнении задания ему понадобится помощь взрослого. Ребёнок должен хорошо представлять себе числовой ряд от 1 до 10, знать, что каждое последующее число на 1 больше предыдущего.

- Какое число стоит после числа 3, а после 6? Перед числом 9, перед 7? Что стоит между числами 5 и 7, между 8 и 6, между 8 и 9?

- Скажи, сколько будет, если к трём прибавить один. А если к шести прибавить один?

- 10 – это цифра или число? (Это число, которое обозначается с помощью цифр 1 и 0.)

- Сколько пальцев на одной руке? А на двух?

- Сколько единиц прячется в числе 3? А в числе 8?

- Какие числа больше 4, но меньше 7?

- Какое число пропущено:
  1 2 3 4 5 7 8 9 10?

- У пяти зайчат по одной морковке. Сколько всего морковок?

- Назови предметы, которые расположены справа от тебя. А какие предметы слева?

- Кто длиннее: червяк или змея? Что выше: пень или дерево? Что шире: ручеёк или река? Что тяжелее: пёрышко или камень?

- Сколько лет тебе будет через год? Через два? Через три года?

Назови, что нарисовано на каждой картинке. Постарайся чётко и ясно произнести первые звуки в словах.

Ребёнок должен правильно произносить звуки [з] – [з'], [с] – [с'] (свистящие); [ж], [ш] (шипящие); [р] – [р'], [л] –[л'] (сонорные).

Выбери из двух вариантов правильный ответ.

Флажком мы

махаем **?** машем

Пуделя мы

стрижём **?** стрижём

Книгу мы на стол

кладём **?** ложим

По телефону мы

звони́м **?** зво́ним

Много

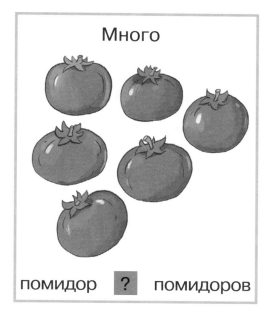

помидор ? помидоров

Не стало

яблок ? яблоков

Много

носок ? носков

Мало

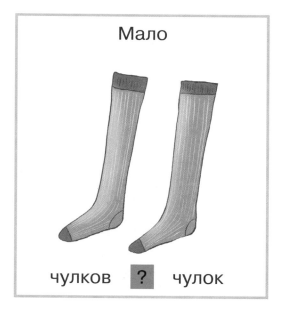

чулков ? чулок

Малыш должен уметь правильно ставить существительные в форму множественного числа родительного падежа (помидоров, яблок, носков, чулок) и употреблять в речи глаголы машем, стрижём, кладём, звони́м.

Назови эти предметы.
Расскажи, для чего нужен каждый из них.

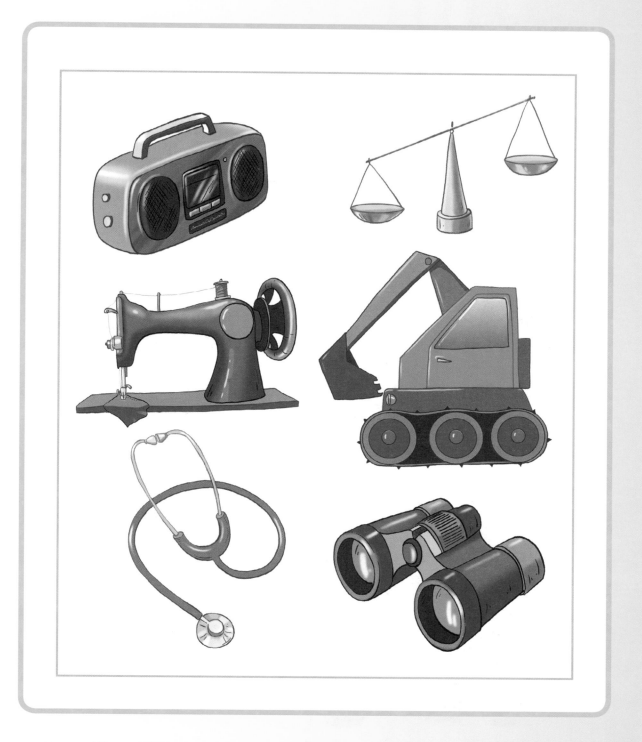

Малыш должен постоянно расширять словарный запас, уметь формулировать свою мысль в виде полных предложений, составлять из них небольшой рассказ.

Назови профессии этих людей.
Что ты можешь о них рассказать?

Ребёнок должен знать, чем занимаются люди этих профессий, каков результат их труда, а также где работают его родители.

Послушай слова. Как ты думаешь, к каким предметам они подходят?

сладкое, белое, холодное

красное, спелое, румяное

толстая, новая, интересная

маленькая, серая, пугливая

жёлтый, маленький, пушистый

сочный, зелёный, длинный

Малыш должен уметь находить предмет с определёнными признаками на картинке и в окружающей обстановке.

Постарайся придумать как можно больше слов-определений к каждому из предметов.

Ребёнок должен уметь самостоятельно придумывать и подбирать слова-определения к предметам окружающего мира.

Найди клоуна по описанию. У него жёлтый колпачок, воротник красный. Одна половинка костюма синяя, другая зелёная. Башмачки оранжевые. Клоун весёлый. Попробуй описать других клоунов.

Малыш должен уметь самостоятельно составлять описание предмета.

Расскажи, что ты видишь на картинке.
Опиши эти игрушки.

Ребёнок должен уметь составлять небольшой рассказ о предмете с элементами описания (не менее пяти-шести предложений).

К каждой картинке составь по одному предложению, используя данные предлоги: в, за, перед, над, под, на, из-за, из-под, около.

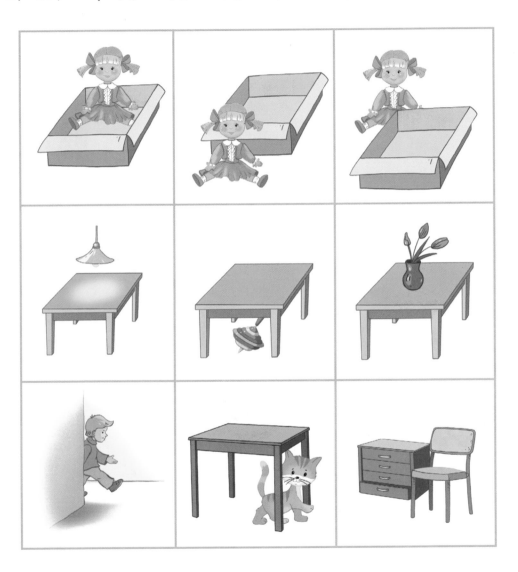

Малыш должен правильно употреблять в речи предлоги и знать их значение.

Кто как «разговаривает»?

Ребёнок должен знать, как называются звуки, которые издают животные: корова мычит, змея шипит, собака лает, лягушка квакает, ворона каркает, свинья хрюкает, лошадь ржёт, сорока стрекочет, мышка пищит.

Опиши этих животных – какие они, что делают.

Малыш должен уметь не только составлять описание животного, но и называть характерные для него действия. Например: лиса рыжая, пушистая, хитрая, роет нору, ловит мышей, крадётся, принюхивается; заяц трусливый, длинноухий, бывает белый и серый, скачет, прячется, боится хищников.

Например: кошка пушистая, усатая, ласковая, весёлая, любит молоко, царапается, спит, мяукает; собака послушная, кусачая, лает, бегает, грызёт кость, подаёт лапу.

Расскажи, что ты знаешь о животных, которые здесь живут. Как называются эти домики?

Ребёнок должен постоянно расширять свой лексикон; знать, что корова живёт в коровнике, конь — в конюшне, свинья — в свинарнике, а куры — в курятнике; уметь составлять связный рассказ по картинке из пяти-шести предложений.

Рассмотри картинку. Что на ней изображено? Попробуй составить связный рассказ.

Малыш должен уметь составлять небольшой рассказ по сюжетной картинке.

Вспомни, как называются эти сказки. Сможешь ли ты их пересказать?

Ребёнок должен знать эти сказки и уметь их пересказать.

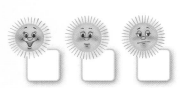

Послушай загадки.
Найди на страничке картинки-отгадки.

Новая посуда,
А вся в дырках.

Чистюля станцевал
кадриль –
Исчезли с пола
сор и пыль.

Круглые ноги
Бегут по дороге:
Раз – нога, два – нога,
Впереди рога.

Когда он нужен –
Его бросают,
А когда не нужен –
Поднимают.

Малыш должен уметь отгадывать различные загадки о предметах и явлениях окружающей жизни.

Послушай и повтори скороговорки.

— Расскажите про покупки.
— Про какие про покупки?
— Про покупки, про покупки,
Про покупочки свои.

На окошке крошку мошку
Ловко лапкой ловит кошка.

Слишком много
ножек у сороконожек.

Ребёнок должен уметь быстро и правильно
произносить скороговорки.

78

Выучи и расскажи стихотворение-отрывок
из сказки А. С. Пушкина.

Ель растёт перед дворцом,
А под ней хрустальный дом;
Белка там живёт ручная,
Да затейница какая!
Белка песенки поёт
Да орешки всё грызёт,
А орешки не простые,
Всё скорлупки золотые,
Ядра – чистый изумруд;
Слуги белку стерегут.

Малыш должен уметь запоминать и выразительно рассказывать небольшие стихотворения.

● Поставь слова в форму множественного числа.
  Образец: один мяч – много мячей.
    Одно дерево – много … .
    Один апельсин – много … . (Апельсинов.)
    Одна книга – много … .
    Один карандаш – много … .
    Одна неваляшка – много … .

● Назови слова наоборот:

весёлый – … (грустный), высокий – … (низкий), широкий – … (узкий), мелкий – … (глубокий), чистый – … (грязный), холодный – … (горячий), мягкий – … (твёрдый).

● Скажи, что где лежит: сахар в … (сахарнице), хлеб в … (хлебнице), масло в … (маслёнке).

● Закончи предложения.
    У цыплёнка мама – курица, а папа – … . (Петух.)
    У утёнка мама – утка, а папа – … . (Селезень.)
    У телёнка мама – корова, а папа – … . (Бык.)
    У ягнёнка мама – овца, а папа – … . (Баран.)

● Расскажи про эти предметы (например:
мяч круглый, резиновый, лёгкий, это игрушка,
с ним можно играть).Чашка, стол,
карандаш, велосипед, яблоко, конфета.

● Расскажи о своём любимом занятии.
Что ты делаешь в выходные дни?

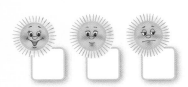

Малыш должен правильно выполнить
все задания и ответить на вопросы.

Соедини точки в алфавитном порядке, и ты узнаешь, кто здесь спрятался. Начни рисунок в точке В.

Малыш должен знать порядок букв русского алфавита.

С какого звука начинается название каждой картинки? Назови его. Если этот звук гласный, то обведи картинку красным карандашом, если согласный – выдели синим цветом.

Малыш должен отличать название буквы от звука, например: буква **Л** («эль») даёт звук [л] или [л']; уметь определять, где гласные и согласные звуки.

Соедини линией картинки, названия которых оканчиваются на один и тот же звук.

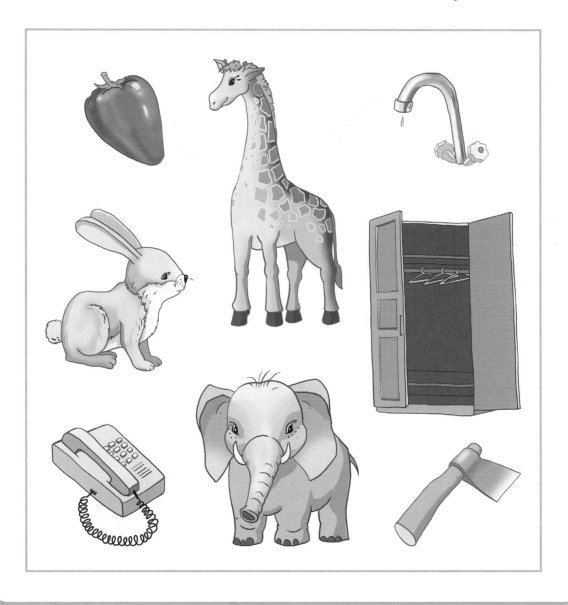

Ребёнок должен уметь выделять последний звук в слове.

83

Что нарисовано на страничке? Какими звуками отличается каждая пара слов-картинок?

Ребёнок должен уметь на слух определять и называть звуки, которыми отличаются слова, похожие по звучанию.

Правильно назови первую букву слова.

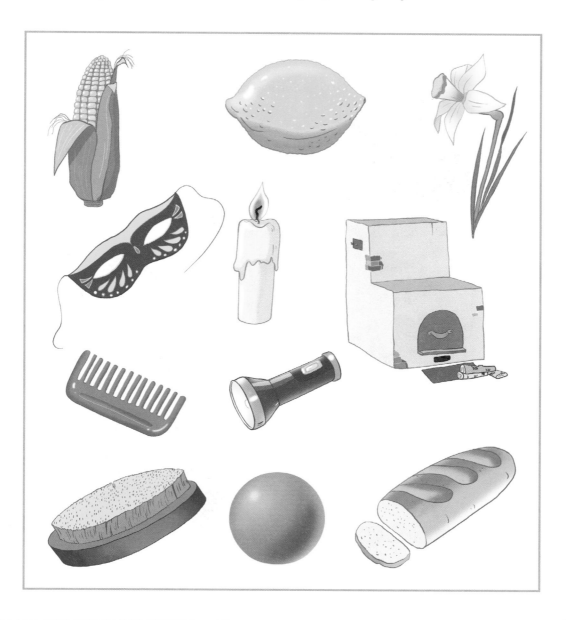

Ребёнок должен знать правильные названия букв русского алфавита: К («ка»), Л («эль»), М («эм»), Н («эн»), П («пэ»), Р («эр»), С («эс»), Ф («эф»), Х («ха»), Ш («ша»), Щ («ща»).

Прочитай слова и подчеркни в них буквы, которые обозначают гласные звуки.

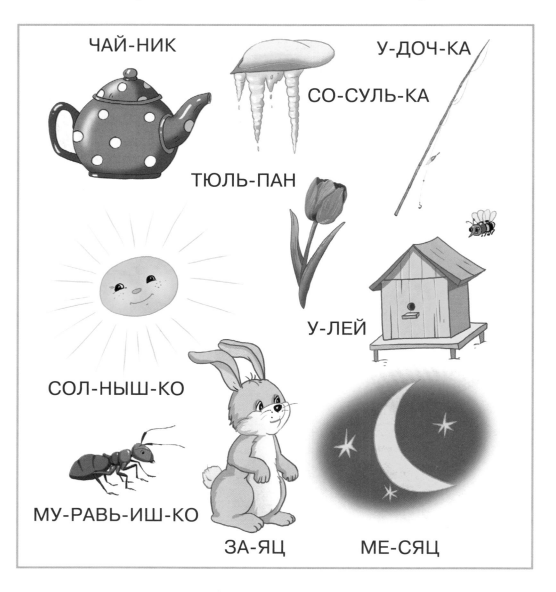

ЧАЙ-НИК

У-ДОЧ-КА

СО-СУЛЬ-КА

ТЮЛЬ-ПАН

У-ЛЕЙ

СОЛ-НЫШ-КО

МУ-РАВЬ-ИШ-КО

ЗА-ЯЦ

МЕ-СЯЦ

Ребёнок должен уметь читать слова из двух-трёх и более слогов.

Прочитай слова. Сколько в них слогов?

ОБЕЗЬЯНА

АВТОБУС

ДОЖДЬ

ЧЕШУЯ

ЯБЛОКО

ПОДЪЁМ

ГВОЗДИ

ШЕРСТЬ   ФУРАЖКА

Малыш должен знать, что количество слогов в слове определяется по количеству в нём гласных звуков (сколько гласных, столько и слогов). Образец рассуждения: «В слове „дождь" один слог, так как в нём один гласный звук».

В каждом слове зашифровано название какого-нибудь животного. Поставь буквы на место, и ты сможешь помочь маленькому пингвину правильно прочитать слова.

Ф И Р А Ж

Б Е К А Л

Н Е Г У Р У К

Б А З Р Е

Н Ю Т Е Л Ь

Ребёнок должен в каждом слове переставить буквы таким образом, чтобы можно было прочитать названия животных: жираф, белка, кенгуру, тюлень, зебра.

88

Проведи линии по дорожкам, не выходя за их края и не отрывая карандаш от бумаги.

Малыш должен уметь проводить линии, не отрывая карандаш от бумаги и не выходя за края дорожек.

Обведи рисунки по пунктирным линиям.

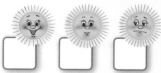

Ребёнок должен уметь обводить рисунки по образцу, а также обрисовывать фигурки, уменьшающиеся и увеличивающиеся в размере.

Обведи и раскрась рисунок.

Малыш должен уметь обводить рисунок точно по контуру; проводить вертикальные, горизонтальные и наклонные линии нужного размера; а также аккуратно раскрашивать картинку.

Выполни штриховку рисунков в направлении, показанном стрелками.

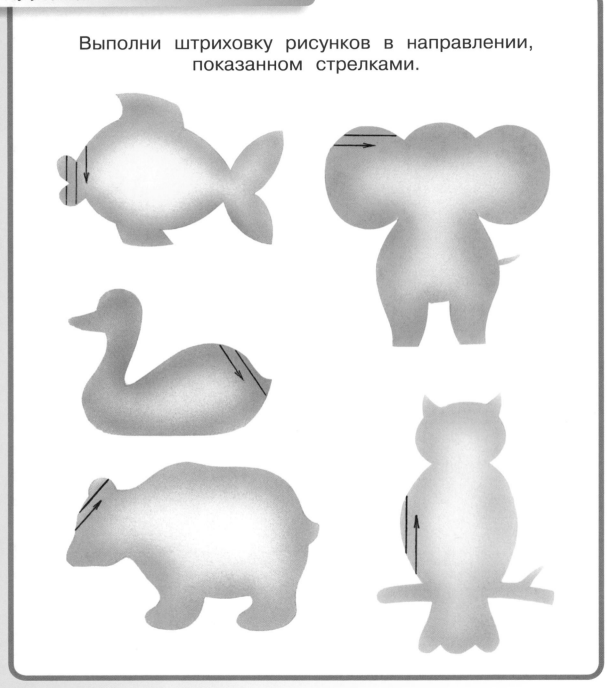

Ребёнок должен уметь заштриховывать фигуры ровными прямыми линиями, не выходя за контуры рисунка.

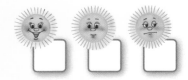

Нарисуй рядом точно такую же фигуру по точкам.

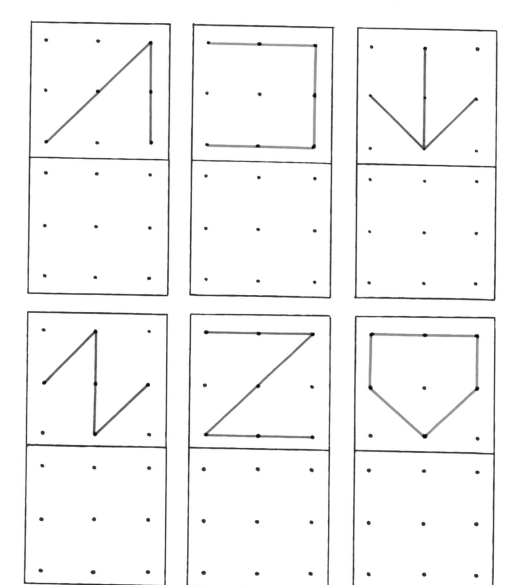

Малыш должен уметь копировать по точкам простые фигурки.

Нарисуй в пустых квадратах такие же фигурки.

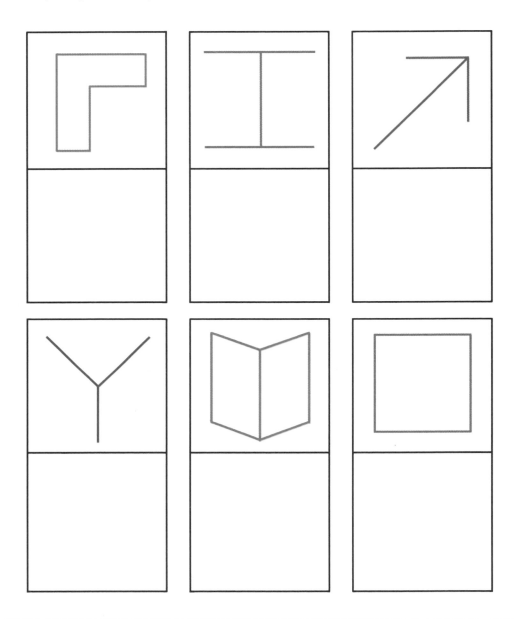

Ребёнок должен уметь копировать простые рисунки.

Обведи рисунок точно по линиям.

Малыш должен уметь обводить рисунки точно по линиям, стараться не отрывать карандаш от бумаги.

Дорисуй и раскрась картинки.

Ребёнок должен уметь самостоятельно дорисовывать недостающие детали картинок, аккуратно раскрашивать, не выходя за контуры рисунков.

Слепи из пластилина различные фигурки.

Малыш должен уметь лепить из целого куска пластилина посуду «ленточным» способом, сглаживать её поверхности, использовать в работе стеку; скатывать «колбаски» и «шарики» при лепке фигурок животных.

Выполни плетение из бумаги, вырежи фигурки.

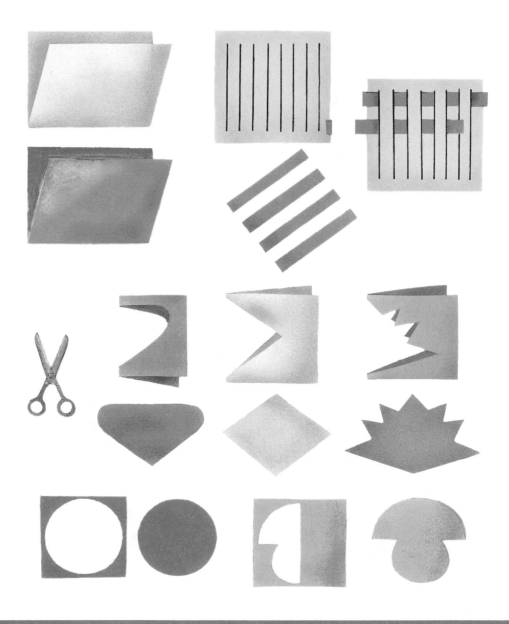

Ребёнок должен уметь складывать пополам лист бумаги, разглаживать сгибы, выполнять аккуратно плетение, пользоваться ножницами, вырезать простые фигурки.

Определи, что на рисунке относится к живой природе, а что к неживой.

 Малыш должен знать: к природе относится всё, что нас окружает, кроме предметов, сделанных человеком. На картинке представлены живая природа (человек, животные, растения) и неживая природа (огонь, вода, песок, камни).

Рассмотри рисунки и скажи, где люди поступают правильно. Что нельзя делать?

Ребёнок должен уметь оценивать своё поведение и поступки окружающих людей, знать, как правильно себя вести на природе.

На какой из этих картинок изображён город, а на какой – деревня?

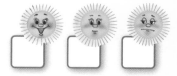

Малыш должен иметь представление о том, что люди живут в городе и в деревне, а также знать, чем отличаются город и деревня друг от друга.

Назови части суток по порядку.

Малыш должен различать и называть части суток как на картинках, так и в повседневной жизни.

Какие времена года изображены на картинках? Расскажи о приметах каждого из них. Что делают дети? Чем ещё можно заниматься зимой, весной, летом и осенью?

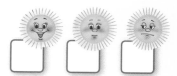

Ребёнок должен узнавать на картинке времена года, знать приметы каждого из них.

Назови домашних животных.
Что ты можешь о них рассказать?

Малыш должен знать названия всех домашних животных и их детёнышей, иметь представление о том, что они
живут рядом с человеком; знать особенности их поведе-
ния, чем питаются и какую пользу приносят человеку.

Какие животные нарисованы на страничке?
Что их всех объединяет?

Ребёнок должен назвать всех животных и знать о том, что они живут в жарких странах.

Внимательно рассмотри картинки. Кого изобразил художник? Назови всех одним словом и каждого в отдельности.

Малыш должен знать обобщающее слово «птицы», а также назвать дятла, фламинго, снегиря, попугая, сову, павлина, голубя, пингвина.

Назови всех насекомых. Как они передвигаются?

Ребёнок должен знать названия насекомых, уметь рассказать о том, как они передвигаются (например: кузнечик прыгает, комар летает, гусеница ползает).

109

На какие три группы можно разделить все нарисованные предметы?

Малыш должен различать овощи, фрукты и ягоды, знать, какими они бывают, когда созревают.

- Назови своё имя и фамилию.

- Сколько тебе лет?

- Как называется город, в котором ты живёшь?

- Назови свой домашний адрес.

- Какие явления природы ты знаешь? В какое время года их можно наблюдать?

- Назови предметы, которые бывают стеклянными, деревянными, металлическими, пластмассовыми.

- Какие предметы бывают острыми, твёрдыми, мягкими, сыпучими, жидкими?

- Где продаются продукты, а где лекарства? Где учатся дети? Где лечат людей?

- Из чего строят дома?

- Как называется каждый палец на твоей руке?

- На какой цвет светофора нужно переходить улицу?

- Назови все дни недели.

Ребёнок должен правильно ответить на все вопросы.

УДК 372.3/4
ББК 74.102
З-51

Издание развивающего обучения
Для дошкольного возраста
Серия «Умные книжки»
Земцова Ольга Николаевна
Тесты для детей 4—5 лет

Художники *И. Дорошенко, Д. Лемко, Ю. Якунин*

Ответственный редактор *О. Фесенко*
Редактор *О. Самусенко*
Художественный редактор *М. Панкова*
Технический редактор *Т. Фатюхина*
Корректоры *Г. Левина, Т. Филиппова, Т. Чернышёва*
Компьютерная верстка *М. Ковригина*

Подписано в печать 15.11.2017. Бумага офсетная.
Формат 84x108 $^1/_{16}$. Гарнитура «Pragmatica». Печать офсетная.
Усл. печ. л. 11,76. Доп. тираж 20 000 экз. U-UK-15941-08-R. Заказ №6496/17.

ООО «Издательская Группа «Азбука-Аттикус» —
обладатель товарного знака Machaon
119334, Москва, 5-й Донской проезд, д. 15, стр. 4
Тел. (495) 933-76-01, факс (495) 933-76-19
E-mail: sales@atticus-group.ru

Филиал ООО «Издательская Группа «Азбука-Аттикус» в г. Санкт-Петербурге
191123, Санкт-Петербург, Воскресенская набережная, д. 12, лит. А
Тел. (812) 327-04-55
E-mail: trade@azbooka.spb.ru

ЧП «Издательство «Махаон-Украина»
Тел./факс (044) 490-99-01
e-mail: sale@machaon.kiev.ua

www.azbooka.ru; www.atticus-group.ru

Отпечатано в соответствии с предоставленными материалами
в ООО «ИПК Парето-Принт». 170546, Тверская область,
Промышленная зона Боровлево-1, комплекс № 3А
www.pareto-print.ru

Земцова О. Н.
З-51   Тесты для детей 4—5 лет. — М.: Махаон, Азбука-Аттикус, 2018. —
112 с.: ил. — (Умные книжки).

ISBN 978-5-389-07938-0

Эта книга поможет взрослым проконтролировать, соответствует ли норме уровень развития психических процессов ребёнка 4—5 лет (память, внимание, мышление, воображение), проверить его потенциальные возможности в разных областях знаний (математика, развитие речи, знакомство с окружающим миром), выявить, в каких из них он преуспевает, а какие требуют дополнительного внимания. Предложенные задания подскажут, как подготовить малыша к школе.

С тестами легко и удобно работать, и для маленького ученика занятия превратятся в весёлую и увлекательную игру.

УДК 372.3/4
ББК 74.102